AF094565

# When I Am Gloomy
# Wenn ich betrübt bin

Sam Sagolski
Illustrated by Daria Smyslova

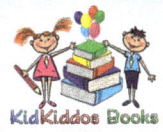

[www.kidkiddos.com](www.kidkiddos.com)
Copyright ©2025 by KidKiddos Books Ltd.
support@kidkiddos.com

All rights reserved. No part of this book may be reproduced in any form or by any electronic or mechanical means, including information storage and retrieval systems, without written permission from the publisher, except in the case of a reviewer, who may quote brief passages embodied in critical articles or in a review.
First edition, 2025

Translated from English by Tess Parthum
Aus dem Englischen übersetzt von Tess Parthum

**Library and Archives Canada Cataloguing in Publication**
When I Am Gloomy (English German Bilingual edition)/Shelley Admont
ISBN: 978-1-83416-855-5 paperback
ISBN: 978-1-83416-856-2 hardcover
ISBN: 978-1-83416-854-8 eBook

Please note that the English and German versions of the story have been written to be as close as possible. However, in some cases they differ in order to accommodate nuances and fluidity of each language.

One cloudy morning, I woke up feeling gloomy.

*An einem bewölkten Morgen wachte ich auf und war betrübt.*

I got out of bed, wrapped myself in my favorite blanket, and walked into the living room.

*Ich stand auf, wickelte mich in meine Lieblingsdecke und ging ins Wohnzimmer.*

"Mommy!" I called. "I'm in a bad mood."
*„Mama!", rief ich. „Ich habe schlechte Laune."*

Mom looked up from her book. "Bad? Why do you say that, darling?" she asked.
*Mama sah von ihrem Buch auf. „Schlechte? Warum sagst du das, Liebling?", fragte sie.*

"Look at my face!" I said, pointing to my furrowed brows. Mom smiled gently.
*„Schau mir ins Gesicht!", sagte ich und deutete auf meine gerunzelte Stirn. Mama lächelte sanft.*

"I don't have a happy face today," I mumbled. "Do you still love me when I'm gloomy?"
*„Ich habe heute kein fröhliches Gesicht", murmelte ich. „Hast du mich auch noch lieb, wenn ich bedrückt bin?"*

"Of course I do," Mom said. "When you're gloomy, I want to be close to you, give you a big hug, and cheer you up."

„Natürlich", sagte Mama. „Wenn du betrübt bist, möchte ich bei dir sein, dich fest umarmen und dich aufmuntern."

That made me feel a little better, but only for a second, because then I started thinking about all my other moods.

*Das tröstete mich ein wenig, aber nur für einen Moment, denn dann fing ich an, über all meine anderen Stimmungen nachzudenken.*

"So… do you still love me when I'm angry?"
*„Also… hast du mich auch noch lieb, wenn ich wütend bin?"*

Mom smiled again. "Of course I do!"
*Mama lächelte wieder. „Natürlich habe ich das!"*

"Are you sure?" I asked, crossing my arms.
*„Bist du sicher?", fragte ich und verschränkte die Arme.*

"Even when you're mad, I'm still your mom. And I love you just the same."

*„Auch wenn du wütend bist, bin ich immer noch deine Mutter. Und ich liebe dich genauso wie immer."*

I took a big breath. "What about when I'm shy?" I whispered.

*Ich holte tief Luft. „Was ist, wenn ich schüchtern bin?", flüsterte ich.*

"I love you when you're shy too," she said. "Remember when you hid behind me and didn't want to talk to the new neighbor?"

*„Ich hab dich auch lieb, wenn du schüchtern bist", sagte sie. „Weißt du noch, als du dich hinter mir versteckt hast und nicht mit dem neuen Nachbarn reden wolltest?"*

I nodded. I remembered it well.

*Ich nickte. Daran erinnerte ich mich gut.*

"And then you said hello and made a new friend. I was so proud of you."

*„Und dann hast du Hallo gesagt und einen neuen Freund gefunden. Ich war so stolz auf dich."*

"Do you still love me when I ask too many questions?" I continued.

*„Hast du mich auch noch lieb, wenn ich zu viele Fragen stelle?", fuhr ich fort.*

"When you ask a lot of questions, like now, I get to watch you learn new things that make you smarter and stronger every day," Mom answered. "And yes, I still love you."

*„Wenn du so viele Fragen stellst wie gerade eben, kann ich sehen, wie du neue Dinge lernst, die dich jeden Tag schlauer und stärker machen", antwortete Mama. „Und ja, ich habe dich immer noch lieb."*

"What if I don't feel like talking at all?" I continued asking.

*„Was ist, wenn ich überhaupt keine Lust habe, zu reden?", fragte ich weiter.*

"Come here," she said. I climbed into her lap and rested my head on her shoulder.

*„Komm her", sagte sie. Ich kletterte auf ihren Schoß und legte meinen Kopf auf ihre Schulter.*

"When you don't feel like talking and just want to be quiet, you start using your imagination. I love seeing what you create," Mom answered.

*„Wenn du keine Lust zum Reden hast und einfach nur still sein möchtest, beginnst du, deine Fantasie zu nutzen. Ich liebe es, zu sehen, was du dir ausdenkst", antwortete Mama.*

Then she whispered in my ear, "I love you when you're quiet too."

*Dann flüsterte sie mir ins Ohr: „Ich habe dich auch lieb, wenn du still bist."*

"But do you still love me when I'm afraid?" I asked.

*„Aber hast du mich auch noch lieb, wenn ich Angst habe?",  fragte ich.*

"Always," said Mom. "When you're scared, I help you check that there are no monsters under the bed or in the closet."

*„Immer", sagte Mama. „Wenn du Angst hast, helfe ich dir, nachzuschauen, dass keine Monster unter dem Bett oder im Schrank sind."*

She kissed me on the forehead. "You are so brave, my sweetheart."

**Sie küsste mich auf die Stirn. „Du bist so mutig, mein Schatz."**

"And when you're tired," she added softly, "I cover you with your blanket, bring you your teddy bear, and sing you our special song."

*„Und wenn du müde bist", fügte sie leise hinzu, „decke ich dich mit deiner Decke zu, bringe dir deinen Teddybären und singe dir unser besonderes Lied vor."*

"What if I have too much energy?" I asked, jumping to my feet.

„Was ist, wenn ich zu viel Energie habe?", fragte ich und sprang auf.

She laughed. "When you're full of energy, we go biking, skip rope, or run around outside together. I love doing all those things with you!"

Sie lachte. „Wenn du voller Energie bist, gehen wir Rad fahren, springen Seil oder toben zusammen draußen herum. Ich mache all diese Dinge so gerne mit dir!"

"But do you love me when I don't want to eat broccoli?" I stuck out my tongue.

*„Aber hast du mich auch lieb, wenn ich keinen Brokkoli essen will?" Ich steckte meine Zunge heraus.*

Mom chuckled. "Like that time you slipped your broccoli to Max? He liked it a lot."

*Mama kicherte. „So wie damals, als du Max heimlich Brokkoli gegeben hast? Den mochte er sehr."*

"You saw that?" I asked.
*„Das hast du gesehen?", fragte ich.*

"Of course I did. And I still love you, even then."
*„Natürlich habe ich das. Und ich hatte dich trotzdem lieb, auch damals."*

I thought for a moment, then asked one last question:
*Ich dachte einen Moment lang nach und stellte dann eine letzte Frage:*

"Mommy, if you love me when I'm gloomy or mad… do you still love me when I'm happy?"
*„Mami, wenn du mich lieb hast, wenn ich betrübt oder wütend bin… hast du mich dann auch lieb, wenn ich glücklich bin?"*

"Oh, sweetheart," she said, hugging me again, "when you're happy, I'm happy too."
*„Ach, mein Schatz", sagte sie und umarmte mich erneut, „wenn du glücklich bist, bin ich auch glücklich."*

She kissed me on the forehead and added, "I love you when you're happy just as much as I love you when you're sad, or mad, or shy, or tired."
*Sie küsste mich auf die Stirn und fügte hinzu: „Ich liebe dich, wenn du glücklich bist, genauso wie ich dich liebe, wenn du traurig, wütend, schüchtern oder ruihg bist."*

I snuggled close and smiled. "So… you love me all the time?" I asked.

*Ich kuschelte mich an sie und lächelte. „Also… hast du mich immer lieb?", fragte ich.*

"All the time," she said. "Every mood, every day, I love you always."

*„Die ganze Zeit", sagte sie. „In jeder Stimmung, jeden Tag, ich habe dich immer lieb."*

As she spoke, I started feeling something warm in my heart.

*Während sie sprach, bekam ich ein warmes Gefühl im Herzen.*

I looked outside and saw the clouds floating away. The sky was turning blue, and the sun came out.

*Ich schaute nach draußen und sah, wie die Wolken davonschwebten. Der Himmel wurde blau und die Sonne kam heraus.*

It looked like it was going to be a beautiful day after all.

*Es sah so aus, als würde es doch noch ein schöner Tag werden.*

www.ingramcontent.com/pod-product-compliance
Lightning Source LLC
LaVergne TN
LVHW072008060526
838200LV00010B/303